BOEKANALYSE

Het Sociale Contract

· · · · · · · · · · · · · ·

Jean-Jacques Rousseau

BOEKANALYSE

Geschreven door Gabrielle Yriarte
Vertaald door Nikki Claes

Het Sociale Contract

Jean-Jacques Rousseau

JEAN-JACQUES ROUSSEAU

GENEEFSE SCHRIJVER, FILOSOOF EN COMPONIST

- **Geboren in Genève in 1712**
- **Overleden te Ermenonville (Frankrijk) in 1778**
- **Opmerkelijke werken:**
  - *Julie, of de nieuwe Heloise* (1761), briefroman.
  - *Emile, of Over opvoeding* (1762), verhandeling over opvoeding
  - *Reveries of a Solitary Walker* (tussen 1776 en 1778), filosofische beschouwing

Jean-Jacques Rousseau was een van de beroemdste denkers uit het tijdperk van de Verlichting en een van de geestelijke vaders van de Franse Revolutie. Hij werd in 1712 in Genève geboren en had een bewogen jeugd, waarin hij verschillende beroepen uitoefende, zoals privéleraar en kopiist. In Parijs raakte hij bevriend met de filosofen van de Verlichting en verwierf in 1750 bekendheid met zijn *Verhandeling over de Kunsten en Wetenschappen*. In dit werk ontwikkelde hij wat het centrale thema van zijn beschouwingen zou worden: de mens wordt van nature goed en gelukkig geboren, maar wordt door de maatschappij gecorrumpeerd en ongelukkig gemaakt. Daarna volgden grote werken als *Het Sociaal Contract* (1762) en *Emile, of Over Opvoeding* (1762). Deze teksten werden als subversief beschouwd en al snel veroordeeld en verboden. Rousseau werd vervolgens gedwongen tot een reeks verbanningen, die hem tot 1769 uit Frankrijk zouden weghouden. Gekweld door gevoelens van vervolging wijdde hij het laatste deel van zijn leven aan autobiografische werken: *Confessions of Jean-Jacques Rousseau* (geschreven tussen 1765 en 1767) en *Reveries of a Solitary Walker* (geschreven tussen 1776 en 1778). In 1778 stierf hij in afzondering.

HET SOCIALE CONTRACT

MAATSCHAPPIJ EN POLITIEK VOLGENS EEN VERLICHTINGSFILOSOOF

- **Genre:** essay
- **Referentie-uitgave:** Rousseau, J.-J. (2003) *Het sociaal contract*. Trans. Cole, G. D. H. New York: Dover Publications, Inc.
- **Eerste uitgave:** 1762
- **Thema's:** collectivisme, samenleving, gelijkheid, vrijheid, burgerschap, de staat

Het Sociaal Contract, dat in 1762 werd gepubliceerd, vormt het hoogtepunt van Rousseau's politieke denken. De auteur komt terug op eerder geformuleerde theorieën (de menselijke natuur is verdorven; de beschaving is de oorzaak van ongelijkheid) en onderzoekt de voorwaarden voor vrijheid in de burgermaatschappij. Om zijn verloren vrijheid terug te krijgen, moet het individu zijn eigen belang opgeven ten gunste van het algemeen belang, door een sociaal contract met zijn medeburgers te aanvaarden. Wanneer hij politiek handelt, moet de burger zich laten leiden door universele beginselen.

Ongelijk ontvangen en gecensureerd in 1762, werd het werk zeer geprezen door revolutionairen, die er de theorie van de soevereiniteit van het volk in zagen. Het stond model voor veel juridische denkers en inspireerde het marxistische denken.

SAMENVATTING

BOEK I

Hoofdstukken 1-4

Een sociale orde is legitiem als ze gebaseerd is op een eerste overeenkomst. Het gezin, het recht van de sterkste en de slavernij zijn drie valse overeenkomsten die niet kunnen dienen als model voor een legitieme samenleving.

Hoofdstukken 5-9

De eerste conventie moet unaniem zijn. Het individu geeft zijn individuele kracht op ten gunste van de gemeenschap. Deze daad, die het collectieve morele lichaam voortbrengt dat Rousseau de "Soeverein" noemt, berust op een verbintenis van elke persoon ten opzichte van iedereen en van iedereen ten opzichte van elke persoon. Als de Soeverein eenmaal is ingesteld, zal hij zich alleen met zichzelf inlaten, omdat hij bestaat uit alle individuen die zijn gezag erkennen. Als sommige leden van de samenleving haar willen schaden, zal het nodig zijn druk op hen uit te oefenen en hen te dwingen vrij te zijn. De burgerlijke samenleving (d.w.z. de samenleving die voortvloeit uit het sociaal contract, dat het volk soeverein maakt), leidt tot moraal, rechten en burgerlijke vrijheid, die superieur is aan de natuurlijke vrijheid.

BOEK II

Hoofdstukken 1-3

De algemene wil komt tot uitdrukking wanneer alle burgers deelnemen aan de besluitvorming, en alleen dit kan de staat sturen in overeenstemming met het algemeen belang. Het houdt op algemeen te zijn wanneer privé-belangen het algemeen belang overstemmen.

Hoofdstukken 4-5

Het sociale pact geeft het politieke lichaam de macht om alle mogelijke diensten van zijn leden te eisen, maar niet om "zijn onderdanen boeien op te leggen die nutteloos zijn voor de gemeenschap" (p. 19) of om over iets in het bijzonder te beslissen. Wel kan het de dood eisen van een lid dat zich als vijand gedraagt.

Hoofdstukken 6-11

De wet geeft leven aan het sociale lichaam. De wetgever mag geen banden hebben met de soeverein (het lichaam van de actieve burgers) of zelfs met de staat (het lichaam van de passieve burgers). De grondwet wordt pas wet als hij door het volk is geratificeerd.

Het algemeen welzijn bestaat uit vrijheid en gelijkheid, afgemeten aan de betrokken personen. Het eerste geeft de Staat zijn kracht omdat "alle bijzondere afhankelijkheid zoveel kracht betekent die aan het lichaam van de Staat wordt onttrokken (p. 34), terwijl het tweede de vrijheid waarborgt: "vrijheid kan niet bestaan zonder" (*ibid*.).

Hoofdstuk 12

Fundamentele wetten regelen de relatie van het politieke lichaam met zichzelf, burgerlijke wetten betreffen de relatie tussen individuen en de samenleving, en strafwetten gaan over overtredingen van de andere wetten. Gewoonten en meningen zijn informele wetten.

BOEK III

Hoofdstukken 1-2

Het politieke lichaam heeft een uitvoerende macht nodig die bestaat uit bepaalde handelingen en is toevertrouwd aan een orgaan van magistraten. In elke magistraat bestaat de individuele wil (de wil van de magistraat als particulier), de gemeenschappelijke wil van de magistraten (dit is de wil van een lichaam, die het midden houdt tussen de individuele en de collectieve wil) en de wil van het volk (de algemene wil).

Hoofdstuk 3

Democratie is de regering van de velen, aristocratie is de regering van de weinigen, en monarchie is de regering van één persoon. Deze regeringen kunnen enigszins worden gewijzigd en met elkaar worden gecombineerd. Hun waarde ligt in hoe goed ze zijn aangepast aan een bepaald volk.

Hoofdstukken 4-9

In democratieën wordt de wetgevende macht gekoppeld aan de uitvoerende macht. De aristocratie kan leeftijdsgebonden, gekozen of erfelijk zijn. Een monarchie is geschikt voor een grote staat.

De grondwet moet rekening houden met het feit dat de economische capaciteit van staten varieert en dat regeringen niet allemaal dezelfde hoeveelheid goederen verbruiken.

Hoofdstukken 10-11

Alle regeringen degenereren van nature. De concentratie van de macht geeft ze hun kracht terug. Het is aan de mensen om staten grondwetten te geven waarmee ze lang kunnen overleven.

Hoofdstukken 12-15

De Soeverein handelt als het volk samenkomt. Een Staat moet periodiek bijeenkomsten van het volk bijeenbrengen. Maar wanneer de burgers worden vertegenwoordigd door afgevaardigden in plaats van persoonlijk naar buiten te komen om wetgeving tot stand te brengen, gaat de Staat verloren omdat de wetgevende macht niet kan worden vertegenwoordigd.

Hoofdstukken 16-17

Aangezien het sociaal contract is gesloten om het volk soevereiniteit te verlenen, wordt het gezag van de uitvoerende macht door het volk toegekend, en het volk kan zijn gezag nooit afstaan. De handeling waarmee de regering wordt ingesteld is dubbel: het is allereerst een wet die door de soeverein wordt vastgesteld ("de soeverein verordonneert dat er een bestuursorgaan in deze of gene vorm zal worden ingesteld"), vervolgens de bekrachtiging van deze wet door het volk zelf. Met andere woorden, de uitvoerende handeling van het aanstellen van de regering komt terug bij het volk.

Hoofdstuk 18

De soevereine macht behoort toe aan het volk, maar neigt naar usurpatie door de regering. Periodieke vergaderingen hebben als doel het sociale verbond te handhaven.

BOEK IV

Hoofdstukken 1-2

Zolang een verzameling van verschillende mannen als een lichaam wordt beschouwd, zijn zij de dragers van de algemene wil. Het is aan de wetgever om ervoor te zorgen dat de algemene wil in twijfel wordt getrokken. Wanneer een wet in de vergadering wordt voorgesteld, is de vraag niet of de burgers deze goedkeuren, maar of deze in overeenstemming is met de algemene wil.

Hoofdstuk 3

De magistraten en de prins kunnen gekozen worden door keuze of willekeurig. De eerste oplossing is goed in een democratie, maar het is noodzakelijk om een beroep te doen op keuze voor functies die talent vereisen.

Hoofdstuk 4

In Rome waren er drie vergaderingen: de Stamvergadering, de Curievergadering en de Centurievergadering. In de laatste en belangrijkste daarvan was het stemsysteem gebaseerd op belastingen. Verschillende elementen compenseerden echter deze constitutionele ongelijkheid. Bovendien was elke Romeinse burger lid van een van de vergaderingen, zodat het hele Romeinse volk soeverein was.

Hoofdstukken 5-7

Het Tribunat is een rechterlijke instantie die wetgevende en uitvoerende macht samenbrengt. Dictaturen concentreren de regering in geval van crisis om haar efficiënter te maken en te behouden, maar kunnen geen wetten maken. Censuur is de verklaring van de publieke opinie (de gebruiken en waarden van een natie).

Hoofdstukken 8-9

De oudste regeringen legden het hoogste gezag bij de goden. In katholieke staten volgt de godsdienst een andere wet dan de staat, waardoor een dubbele wetgeving ontstaat die schadelijk is voor de samenleving. Er zijn ook godsdiensten die onverschillig staan tegenover de Staat, zoals het oorspronkelijke christendom: "deze godsdienst [...] laat de wetten in het bezit van de kracht die zij in zichzelf hebben, zonder er enige toevoeging aan te doen" (p. 94). Deze laatste houding schaadt echter de Staat, omdat christenen onderworpen zijn aan wetten zonder deze daadwerkelijk te verdedigen. Om de burgerlijke wetten zo sterk mogelijk te maken, is het nodig een burgerlijke godsdienst in te stellen, met eenvoudige dogma's (het bestaan van een godheid, geluk voor de rechtvaardigen, bestraffing van de boosdoeners, enz.) die "de heiligheid van het sociaal contract en de wet" bepalen (p. 96).

CONTEXT

DE VERLICHTING

Dit is de naam van een beweging die in de 18de eeuw in Europa ontstond en zich in de tweede helft van de eeuw naar Frankrijk verspreidde. Onder invloed van Descartes (Frans filosoof, 1596-1650) en door belangrijke ontdekkingen gingen intellectuelen als Diderot (Frans schrijver en filosoof, 1713-1784), Montesquieu (Frans schrijver en filosoof, 1689-1755), Rousseau en Voltaire (Frans schrijver en filosoof, 1694-1778) de strijd aan met de uitwassen van het monarchistisch absolutisme, het religieus fanatisme en andere obscurantismen door het bevorderen van rationalisme en kritisch denken. Dit was een poging om de wereld te begrijpen door het licht van de rede.

Deze *filosofen* (de benaming voor de intellectuelen van het tijdperk van de Verlichting) ontwikkelden een opvatting over mens en maatschappij die gebaseerd was op de mogelijkheid van sociale vooruitgang – zij gaven blijk van een nieuw geloof in de mens, die dus moet worden opgevoed – en op de zoektocht naar geluk. Hoewel de *Encyclopédie* van Diderot (1751-1772) aanleiding gaf tot het besef van de beweging, bestonden er onder de *filosofen* talrijke verschillende standpunten. Zo botst het provocerende sensualisme van Voltaire met de egalitaire neigingen van Rousseau. De Verlichting was de voedingsbodem voor de Franse Revolutie, die hun plannen overtrof met haar golf van geweld.

DE POLITIEKE REFLECTIES
VAN DE VERLICHTING

De filosofie van de Verlichting wordt gekenmerkt door een intense sociaal-politieke analyse: de grondslagen van het recht, de macht, de vrijheid, enz. worden in vraag gesteld. Aanvankelijk waren de *filosofen* het eens wat betreft de politiek: kritiek op het absolutisme, betwisting van het goddelijk koningsrecht en bespiegelingen over de wijze waarop de uitvoerende en wetgevende macht en de begrippen vrijheid en gelijkheid in een grondwet moesten worden verwoord. Zo is *De geest der wetten* (1748) van Montesquieu het eerste werk waarin de scheiding der machten wordt getheoretiseerd, zonder dat een bepaald regeringsstelsel wordt verdedigd. De *Encyclopédie* van zijn kant formuleert het principe van de onvervreemdbare vrijheid van het individu en de noodzaak om de wet centraal te stellen in elk politiek gezag. Ook Montesquieu's *Perzische brieven* (1721) en Voltaire's *Candide* (1759) hebben, hoewel het geen politieke essays zijn, een belangrijke bijdrage geleverd aan deze bezinning door op ironische wijze een afstandelijke visie op de Europese instellingen, ideeën en gebruiken te presenteren.

DE POLITIEKE BESCHOUWINGEN
VAN ROUSSEAU

In zijn *Vertoog over de kunsten en wetenschappen* (1750) en *Vertoog over de oorsprong en de basis van de ongelijkheid onder de mensen* (1755) onderscheidt Rousseau zich van het politieke denken van de andere *filosofen*. Hij laat zien dat de ontwikkeling van de technische vooruitgang heeft geleid tot concurrentie tussen mensen, ongelijkheid in sociale omstandigheden en de oorlog van iedereen tegen iedereen. De auteur uit zijn heimwee naar een natuurtoestand van vóór het sociale leven. Deze toestand is een werkhypothese die staat voor de nu definitief verloren gegane mogelijkheid van een eenvoudige vorm van geluk. De twee *vertogen* worden gekenmerkt door een afwijzing van luxe en een geringschatting van de technische vooruitgang, wat hem zware kritiek van de andere *filosofen opleverde*.

In *Emile, of Over opvoeding* (1762) zet Rousseau zijn opvattingen over onderwijs uiteen. Net als in zijn *Vertogen* en *Het Sociaal Contract* moet de natuurlijke orde worden hersteld. Deze natuurlijke orde biedt de regels voor de opvoeding van het kind, zodat het een vrij burger kan worden zoals degenen die wetten moeten maken in de republiek die Rousseau voor ogen heeft.

Julie or *the New Heloise* (1761) plaatst het libertinisme tegenover de noblesse van twee personages die van elkaar houden. De rede en de beheersing van de passies maken het mogelijk een kleine, harmonieuze samenleving te creëren.

ANALYSE

ROUSSEAU'S PROJECT

In het voorwoord verwijst de auteur naar "een langer werk [...] dat al lang is opgegeven" (p. ix) waaraan deze "kleine verhandeling" is ontleend: we weten dat hij van plan was een volledige studie over politieke instellingen te maken. Gezien de omvang van deze taak zou hij er uiteindelijk de voorkeur aan geven dit thema indirect te behandelen in zijn hele werk. *Het Sociaal Contract* kan dus als een uitzondering worden beschouwd, aangezien de tekst de kwestie van de beginselen van de samenleving en het burgerlijk recht rechtstreeks behandelt.

Rousseau's *Verhandelingen* leidden tot een aantal geschillen. De *filosoof* kende zijn huidige en vroegere tegenstanders, en wilde hen antwoorden met *Het Sociaal Contract*. Sommige van hen, zoals Grotius (Nederlands diplomaat en humanist, 1583-1645) en Hobbes (Engels filosoof, 1588-1679) worden door hem meermaals geciteerd: "Grotius ontkent dat alle menselijke macht gevestigd is ten gunste van de geregeerden" (p. 2); "[dit] is ook de opvatting van Hobbes" (p. 3). Zijn bedoeling om zichzelf te rechtvaardigen is merkbaar.

Naast deze weerleggingen van standpunten die tegenover de zijne staan, voert de auteur ook een dialoog met het vroegere en hedendaagse denken. Dit betreft Aristoteles (Grieks filosoof, 384-322 v.Chr.) en Plato (Grieks filosoof, 427-348 v.Chr.), maar vooral ook Montesquieu, wiens ideeën vaak worden geciteerd en becommentarieerd: "De auteur van *The Spirit of Laws* heeft met vele voorbeelden aangetoond door welke kunst de wetgever de grondwet stuurt" (p. 35). Op andere momenten loopt hij vooruit op de reacties van anonieme lezers: "Het volk in vergadering, zal men mij zeggen, is slechts een hersenschim" (p. 61) en voert voorlopige argumenten aan. We kunnen begrijpen dat dit een belangrijk project is voor Rousseau.

Hij onderneemt dit project ook op persoonlijke titel, zoals blijkt uit het gebruik van de eerste persoon enkelvoud en de opmerkingen over zijn eigen proces: "Maar ik voel mijn hart protesteren en mijn pen tegenhouden" (p. 23); "maar dit alles vormt een nieuw onderwerp dat veel te omvangrijk is voor mijn beperkte werkterrein. Ik had me overal moeten beperken" (blz. 97). Soms richt hij zich tot zijn lezers op een hartstochtelijke, bijna polemische toon, zoals in de volgende passage: "Wat u betreft, moderne volkeren, u hebt geen slaven, maar u bent zelf slaaf; u betaalt hun vrijheid met uw eigen vrijheid. U beroemt zich tevergeefs op deze voorkeur; ik vind daarin meer lafheid dan menselijkheid" (p. 66).

EEN LOGISCHE CONSTRUCTIE

Opvallend in dit werk is de enigszins moeizame strengheid van de logische argumentatie. Als een echte *filosoof* bepaalt de auteur de beginselen van het burgerlijk recht via een rationele redenering die bestaat uit deducties en demonstraties. Hij begint bij het algemene en gaat naar het bijzondere:

- Boek I definieert het contractuele karakter van de overeenkomst;

- Boek II leidt de aard van zijn wetten af;

- Boek III behandelt de status van de uitvoerende macht ten opzichte van de wetgevende macht;

- In boek IV worden de voorwaarden voor een doeltreffende werking van de instellingen onderzocht.

Binnen elk van deze boeken is de volgorde van de hoofdstukken even strikt. Zo begint het eerste hoofdstuk met een uiteenzetting van het onderwerp; in de hoofdstukken 2-4 worden onjuiste hypothesen verworpen; en in de hoofdstukken 5-9 wordt de noodzaak van het contract uitgelegd en worden daaruit de essentiële kenmerken van de burgermaatschappij afgeleid.

Het logische kader van de tekst wordt versterkt door het gebruik van formules die het filosofische proces onderstrepen. Dit bestaat uit vragen en antwoorden ("Welk volk is een geschikt onderwerp voor wetgeving? Een volk dat, reeds gebonden door een zekere eenheid van afkomst, belang of overeenkomst, nog nooit het echte juk van de wet heeft gevoeld", p. 33), analogieën ("Zoals de natuur ieder mens absolute macht geeft over al zijn leden, zo geeft het sociale pact het politieke lichaam ook absolute macht over al zijn leden", p. 19), overgangen ("Ik ben van mening dat de wet niet de enige manier is om een wet te maken. 19), overgangen ("Ik waarschuw de lezer dat dit hoofdstuk aandachtige lezing vereist, en dat ik niet in staat ben mijzelf duidelijk te maken aan degenen die weigeren aandachtig te zijn", blz. 37), en definities ("Laten we, voordat we spreken over de verschillende regeringsvormen, proberen de exacte betekenis van het woord vast te stellen", blz. 37).

De woordenschat is vaak abstract, en de opmerkingen zijn universeel ("elke stem moet worden geteld: elke uitsluiting is een inbreuk op de algemeenheid", p. 16) en vaak zowel ideaal als dwingend, zoals blijkt uit het veelvuldig gebruik van modale werkwoorden als "moeten" en "zouden moeten" ("hij die de wetten beheerst, zou dat evenmin over de mensen moeten doen", p. 26). De auteur is in feite geïnteresseerd in wat zou moeten zijn (de wet) en wat is (het feit). Hij stelt de regels en richtlijnen vast, die in de orde van plichten zijn. Als zodanig kunnen we in dit citaat deze voorkeur constateren voor wat moet, ondanks wat gedaan wordt: "Maar als het misbruik ervan onvermijdelijk is, moeten we er dan niet op zijn minst voorschriften aan verbinden? Juist omdat de kracht van de omstandigheden er voortdurend toe neigt de gelijkheid te vernietigen, moet de kracht van de wetgeving er altijd op gericht zijn haar te handhaven" (blz. 34).

DE CENTRALE THEMA'S

> *"Ik wil onderzoeken of er in de burgerlijke orde een zekere en wettige regel van bestuur kan bestaan [...] In dit onderzoek zal ik steeds trachten te verenigen wat recht en wat belang voorschrijft, opdat rechtvaardigheid en nut in geen geval worden gescheiden"* (blz. 1).

Deze inleiding kondigt twee van de centrale thema's van het werk aan, namelijk maatschappij en recht. Veroordeeld om in de maatschappij te leven, moet de mens ervoor zorgen dat hij daar vrij blijft, in overeenstemming met zijn natuur. Maar omdat de individuele vrijheid (die onbeschaafd en dierlijk is) onverenigbaar is met de burgermaatschappij, is het absoluut noodzakelijk een zekere en legitieme sociale basis te definiëren, dat wil zeggen een basis die de vrijheid van elke persoon garandeert en beschermt. Deze basis kan alleen het sociaal contract zijn, een menselijke overeenkomst waarin het individu afziet van handelen met als enig doel de bevrediging van zijn individuele behoeften, en erkent dat het bestaan van een sociaal lichaam de garantie is voor zijn vrijheid. Hij kiest er daarom voor zich te onderwerpen aan de regels van een samenleving waarin hij een volwaardige deelnemer is. Zo blijft hij vrij, maar de aard van zijn vrijheid is veranderd: het is een burgerlijke vrijheid die de rechten van een ieder en de soevereiniteit van allen waarborgt. De hoofdclausule van het contract bepaalt dat elke persoon afstand doet van zijn individuele wil en zich onderwerpt aan de algemene wil, de wil van allen. Om geldig te zijn, impliceert het contract dat alle leden van de samenleving het unaniem onderschrijven. Zonder deze unanimiteit is er geen gelijkheid in het contract, en dus ook geen legitieme wetten.

Dankzij het sociaal contract is het volk soeverein: de wetgevende macht komt hen en hen alleen van rechtswege toe. Het volk vertrouwt de uitvoerende macht toe aan een vorst (een vergadering, een groep magistraten of een vorst) die tegenover het volk verantwoordelijk is, want het is aan het volk dat de vorst zijn macht ontleent. De uitvoerende macht heeft echter de neiging zich de macht van het volk toe te eigenen. Het is aan de wetgever en de burgers zelf om hun macht niet op te geven, want dat leidt tot de symbolische dood van het volk.

DE CONSTANTE ZORG VOOR DE ECHTE

Rousseau's benadering in dit werk is niet alleen logisch en abstract, want hij laat nooit na de lezers te wijzen op het belang van bijzondere situaties en de noodzaak om de wetgeving aan te passen aan verschillende volkeren: "In één woord, naast de beginselen die voor allen gemeenschappelijk zijn, heeft elk volk iets in zich dat ze een eigen toepassing geeft, en zijn wetgeving eigen maakt" (p. 35).

Daarnaast hecht hij veel belang aan de gebruiken, die de basis vormen voor de structuur van een grondwet: "Bij deze drie soorten recht hoort een vierde, allerbelangrijkste, die niet op marmeren of koperen tabletten is gegrift, maar op de harten van de burgers [...] Ik heb het over de moraal, de gewoonten, vooral over de publieke opinie" (p. 36). Opdat een staat aandacht zou hebben voor de algemene wil, moeten de burgers worden opgevoed en moeten de gebruiken worden gecensureerd om corruptie en de ontwikkeling van individuele belangen te voorkomen. Als bepaalde oude samenlevingen, zoals Sparta, zijn bewondering wekken, is dat voor een groot deel te danken aan de legendarische moraal van hun burgers.

Concrete voorbeelden, zowel uit de oudheid als uit de hedendaagse tijd, zijn in deze verhandeling te vinden. De verwijzingen naar de Griekse en Romeinse geschiedenis zijn bijzonder talrijk in de boeken III en IV. Zij hebben betrekking op gerechtelijke instanties, vergaderingen en gebruiken, in verband met het thema van de soevereiniteit van het volk. De Republiek Venetië wordt herhaaldelijk aangehaald, evenals de Engelse en Poolse monarchieën. De gewoonten van verschillende volkeren worden onderzocht in hoofdstuk 8 van boek III, waar de auteur bijvoorbeeld de Spanjaarden en de Duitsers tegenover elkaar plaatst. Hij gaat niet voorbij aan de Franse geschiedenis en godsdienst, met name in het hoofdstuk "Burgerlijke godsdienst" (Boek IV, hoofdstuk 7), en noemt Corsica als een staat waarvan de grondwet nog moet worden geschreven ("Er is in Europa nog één land dat wetten kan krijgen: Corsica", blz. 33), een taak die hij later op zich zal nemen.

VERDERE REFLECTIE

ENKELE VRAGEN OM OVER NA TE DENKEN...

- Noem een *filosoof die* Rousseau in dit werk vaak tegenwerkt. Verklaar zijn standpunt.

- Hoe begrijpt u het begrip natuur waar Rousseau in dit werk naar verwijst?

- In hoeverre illustreert deze tekst bepaalde aspecten van de filosofie van de Verlichting?

- Wat zijn volgens dit werk de belangrijkste fouten van de meeste regeringen?

- Waaruit bestaat het sociaal contract, zoals gedefinieerd in dit werk?

- Valt deze tekst volgens u onder de categorie utopie? In wat voor soort land zouden Rousseau's principes werkelijkheid kunnen worden?

- Commentaar op deze evaluatie van *Het Sociaal Contract* door Emilio Balturi: "Het werk [...] moet meer gelezen worden als een vooruitgeschoven kritiek op de hedendaagse democratieën dan als een militant manifest voor een revolutionaire zaak".

- Leg na lezing van de *Verklaring van de Rechten van de Mens en de Burger* uit 1789 uit wat deze tekst te danken heeft aan *Het Sociaal Contract* van Rousseau.

- Vergelijk na lezing van de *Geloofsbelijdenis van een Savoyaardse dominee* (*Emile, of Over Onderwijs*, Boek IV) deze tekst met de passages van *Het Sociale Contract* die over de burgerlijke godsdienst gaan.

VERDER LEZEN

REFERENTIE-UITGAVE

Rousseau, J.-J. (2003) *Het sociaal contract*. Trans. Cole, G. D. H. New York: Dover Publications, Inc.

*We horen graag van jou! Laat
een reactie achter op jouw online bibliotheek
en deel je favoriete boeken op social media!*

De uitgever garandeert de betrouwbaarheid van de gepubliceerde informatie, die echter niet onder zijn verantwoordelijkheid valt.

www.50minutes.com

Master ISBN: 9782808688253
Papier ISBN: 9782808699655
Wettelijk depot: D/2023/12603/1245

Omslag: © Primento

Digitaal ontwerp: Primento, de digitale partner van uitgevers.